So wird es gemacht:

Öffne das LÜK®-Kontrollgerät und lege die Plättchen in den unbedruckten Deckel. Jetzt kannst du auf den Plättchen und auf dem Geräteboden die Zahlen 1 bis 24 sehen.

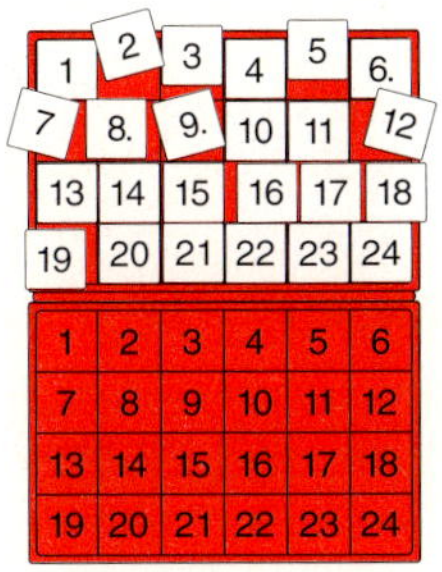

Beispiel: Seite 4
Spechte gefährdeten die Raumfahrt
Lies dir den Text durch, beginne mit der Überschrift und nimm das Plättchen 1. Entscheide nun, ob hinter der Überschrift ein Punkt stehen muss. Nein. Suche nun in der Tabelle unter dem weinenden Gesicht die Lösungszahl. Es ist die 21. Das ist auch die Feldzahl im Kontrollgerät, auf die du das Plättchen legen musst. Lege also das Plättchen 1 auf das Feld 21 im Geräteboden. Die Zahl **1** muss nach oben zeigen.

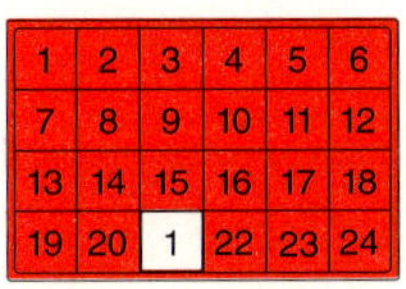

So musst du weiterarbeiten, bis alle Plättchen im Geräteboden liegen. Schließe dann das Gerät und drehe es um. Öffne es von der Rückseite. Wenn du das bei der Übungsreihe abgebildete Kontrollmuster siehst, hast du alle Aufgaben richtig gelöst.

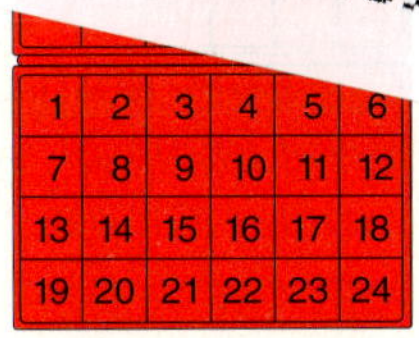

Passen einige Plättchen nicht in das Muster, dann hast du dort Fehler gemacht. Drehe diese Plättchen da, wo sie liegen, um, schließe das Gerät, drehe es um und öffne es wieder.
Jetzt kannst du sehen, welche Aufgaben du falsch gelöst hast.

Nimm diese Plättchen heraus und suche die richtigen Ergebnisse. Kontrolliere dann noch einmal. Stimmt jetzt das Muster?

Das System ist für alle Übungen dasselbe: Die roten Aufgabennummern im Heft entsprechen immer den LÜK-Plättchen aus dem Kontrollgerät. Die Zahlen hinter den Lösungen sagen dir, auf welche Felder des Kontrollgerätes du die Plättchen legen musst.

Auf einigen Seiten ist die Kontrolle nach Lösung der Aufgaben 1 bis 12 oder 13 bis 24 möglich. Diese Seiten erkennt man an der Abbildung der geteilten Kontrollmuster. Lege dann auch nur die Plättchen 1 bis 12 bzw. 13 bis 24 in das Kontrollgerät.

Und nun viel Spaß!

Wozu brauchen wir eigentlich Satzschlusszeichen und Anführungszeichen?

Zwei Männer stapfen in Badehosen durch die Sahara mit Schwimmflossen und Schnorchel in der Hand treffen sie einen Beduinen hoch zu Kamel wie weit ist es noch zum Meer fragt der eine der Beduine überlegt und antwortet ungefähr 400 Kilometer darauf sagt der andere toller Strand

Lies den Text einmal vor.
Warum hast du Schwierigkeiten, den Text flüssig vorzulesen?

Der folgende Text wird dir leichter fallen zu lesen. Was hat sich gegenüber dem ersten Text geändert?

Zwei Männer stapfen in Badehosen durch die Sahara. Mit Schwimmflossen und Schnorchel in der Hand treffen sie einen Beduinen hoch zu Kamel. Wie weit ist es noch zum Meer? fragt der eine. Der Beduine überlegt und antwortet ungefähr 400 Kilometer. Darauf sagt der andere toller Strand!

Durch die Satzschlusszeichen (Punkt, Fragezeichen und Ausrufezeichen) und durch die Großschreibung am Anfang des Satzes fällt dir das Lesen schon entschieden leichter, da du jetzt erkennen kannst, wo ein Satz beginnt und wo ein Satz aufhört.

Noch übersichtlicher ist der folgende Text. Was hat sich gegenüber dem zweiten Text geändert?

Zwei Männer stapfen in Badehosen durch die Sahara. Mit Schwimmflossen und Schnorchel in der Hand treffen sie einen Beduinen hoch zu Kamel. „Wie weit ist es noch zum Meer?“, fragt der eine. Der Beduine überlegt und antwortet: „Ungefähr 400 Kilometer.“ Darauf sagt der andere: „Toller Strand!“

Durch Anführungszeichen kann man wörtlich gesprochene Rede kennzeichnen und vom übrigen Text abheben. Das erleichtert das Lesen sehr.

Das richtige Setzen der Satzschlusszeichen und die Zeichensetzung bei der direkten Rede und bei der indirekten Rede sind die Schwerpunkte dieses Heftes.

Das Setzen von Satzschlusszeichen

(1) Am Wochenende feiert Lena ihren Geburtstag.
(2) Ob sie auch Klaus zu ihrer Fete eingeladen hat?
(3) Bestimmt nicht! Die hat sich doch mit ihm verkracht!

Der Punkt, das Fragezeichen und das Ausrufezeichen kennzeichnen das Ende eines Satzes. Diese Satzschlusszeichen gliedern einen Text in Satzeinheiten und erleichtern damit das Lesen.

Wann setzt man nun welches Satzschlusszeichen?

Regel 1
Der Punkt steht hinter Aussagesätzen. In Aussagesätzen wird etwas erzählt, dargestellt oder berichtet.
(4) Gestern bin ich mit Janessa ins Kino gegangen.
(5) Ein Quadrat hat vier gleiche Seiten.
(6) Morgen finden im Stadion die Schulmeisterschaften statt.

Achtung: Der Punkt steht nicht nach Überschriften.
(7) Werder Bremen rückt an die Tabellenspitze

Regel 2
Das Fragezeichen steht nach Fragesätzen.
(8) Wann kommst du nach Hause?
(9) Kommst du heute Abend spät nach Hause?

Den Fragesatz erkennst du – wie im Beispielsatz 8 – am einleitenden Fragewort (*wer, wo, wann, was, warum, wieso, weshalb*). Das Fragewort kann auch fehlen wie im Beispiel 9, dann steht das Verb immer am Anfang des Satzes.

Regel 3
Feststellungen, Aufforderungen, Wünsche und Ausrufe, die mit einem besonderen Nachdruck versehen sein sollen, kennzeichnet man mit einem Ausrufezeichen.
(10) Es ist schon acht Uhr! Oma kommt morgen! (Feststellungen)
(11) Bitte zurücktreten! Komm sofort nach Hause! (Aufforderungen)
(12) Hoffentlich rufst du bald an! Wäre ich doch schon zu Hause! (Wünsche)
(13) Das darf doch nicht wahr sein! Pfui Spinne! Super! (Ausrufe)

Achtung: Das Satzschlusszeichen zeigt das Ende eines Satzes an. Der Beginn des folgenden Satzes wird durch die Großschreibung des ersten Buchstabens deutlich gemacht.

Übung zu Regel 1

1 Im folgenden Text fehlen die Punkte und die Satzanfänge sind nicht großgeschrieben.
a) An welchen Stellen muss ein Punkt stehen? Kontrolliere mit LÜK.
b) Schreibe die Satzanfänge groß.
☺ = Punkt ja
☹ = Punkt nein

Spechte gefährdeten die Raumfahrt [1]

1995 musste der Start der Raumfähre „Discovery" [2] um mehrere Wochen verschoben werden [3] kurz vor dem Start war entdeckt worden, dass mehrere Spechte die Schutzschicht des Zusatztanks der Raumfähre angepickt hatten [4] wie die NASA-Behörde mitteilte, waren 71 Löcher mit einem Durchmesser [5] von mehreren Zentimetern aufgefunden worden [6] weil der Schutzschicht eine große Bedeutung zukommt, mussten diese Löcher vor dem Start gründlich versiegelt werden [7] nachdem jedoch direkt an der Startrampe ein Spechtnest entdeckt worden war, stellte sich ein weiteres Problem [8] Naturschützer hatten sich dafür eingesetzt, dass die Spechte zunächst zu Ende brüten sollten [9] das hätte jedoch zu einer großen Verzögerung in der Zeitplanung geführt [10] und enorme Kosten verursacht [11] erfahrenen Vogelkundlern gelang jedoch eine Umsiedlung der Spechtfamilie, so dass nach der Reparatur der Schutzschicht dem Start nichts mehr im Wege stand [12]

	☺	☹
1	20	21
2	17	20
3	23	22
4	22	19
5	18	17
6	19	13
7	13	15
8	15	24
9	24	16
10	21	18
11	16	14
12	14	23

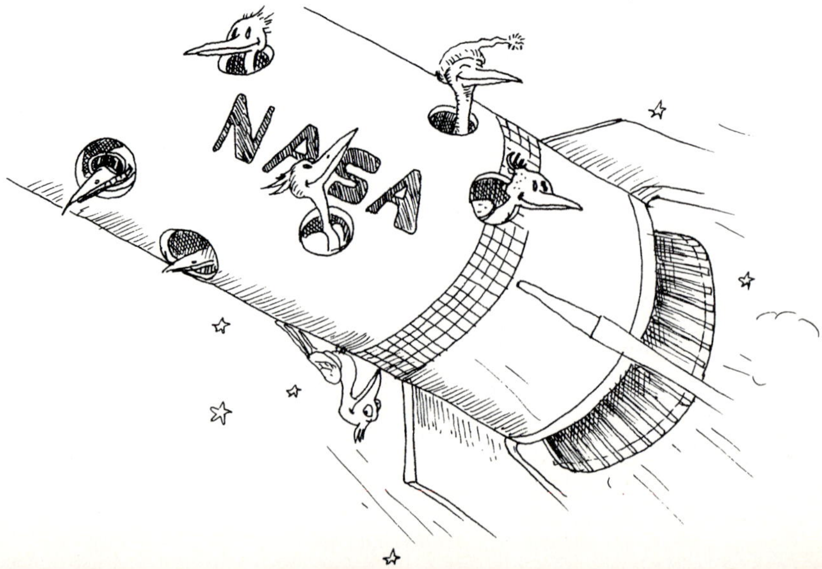

Übung zu Regel 1 und 2

2 Fragezeichen oder Punkt?
Trage die fehlenden Satzschlusszeichen ein und kontrolliere mit LÜK.

Neues von „Nessie"

	?	.
1 Kennst du „Nessie"	23	21
2 „Nessie" ist die liebevolle Bezeichnung für das Ungeheuer von Loch Ness	24	19
3 Gibt es dieses Ungeheuer wirklich	21	16
4 Seit die Heilige Kolumba im Jahre 565 das Ungeheuer zum ersten Mal gesehen haben will, sind die Spekulationen über dieses Tier nicht mehr abgerissen	20	24
5 Wie soll dieses Tier in den schottischen See gekommen sein	16	14
6 Auch darüber gibt es nur Vermutungen	18	20
7 Könnte es nicht eine unterirdische Verbindung vom Meer geben, durch die das Tier in den See gelangt ist	14	15
8 Auszuschließen ist das nicht	22	18
9 Handfeste Beweise für die Existenz dieses Ungeheuers gibt es bislang jedoch nicht	17	22
10 Soll man eine verschwommene Fotografie mit einem unscharfen Dinosaurierkopf schon als Beweis anerkennen	15	13
11 Jetzt haben Wissenschaftler mit einem Sonargerät, das zum Aufspüren von U-Booten geeignet ist, im Loch Ness für zwei Minuten ein großes längliches Objekt festgestellt	19	17
12 War das vielleicht doch das Ungeheuer von Loch Ness	13	23

Übung zu Regel 2 und 3

3 Fragezeichen oder Ausrufezeichen?
Setze die richtigen Satzschlusszeichen ein.
Kontrolliere mit LÜK.

Dick und Doof

Dick kommt in das Zimmer von Doof. Doof liegt mit seinen Füßen auf dem Kopfkissen und mit seinem Kopf am Fußende.

	?	!
1 Dick: Das darf doch nicht wahr sein	9	6
2 Doof: Sei bitte leise	5	9
3 Dick: Warum denn	1	7
4 Doof: Ich habe solche Schmerzen, au	10	5
5 Dick: Wo hast du denn Schmerzen	7	3
6 Doof: Im Kopf natürlich, wo sonst	2	10
7 Dick: Aber warum liegst du denn verkehrt herum im Bett	3	11
8 Doof: Was mache ich	11	1
9 Dick: Du liegst mit den Füßen auf dem Kopfkissen und mit dem Kopf am Fußende, ehrlich	8	2
10 Doof: Na, so etwas	12	8
11 Dick: Lege dich doch anders herum	4	12
12 Doof: Toll, jetzt habe ich nur Fußschmerzen	6	4

Übung zu Regel 1, 2 und 3

4 Punkt, Fragezeichen oder Ausrufezeichen?
Trage die fehlenden Satzzeichen ein und kontrolliere mit LÜK.

Die verschwundene Jungfrau

	.	?	!
1 Habt ihr diesen Zaubertrick auch schon mal im Zirkus oder im Fernsehen gesehen	20	19	22
2 Eine Frau geht über eine Treppe in einen Käfig, der anschließend verschlossen wird	22	24	17
3 Für einen kurzen Augenblick wird ein Vorhang um den Käfig gezogen und dann wieder entfernt	24	20	16
4 Kaum zu glauben, jetzt befindet sich ein Tiger im Käfig und die Frau ist weg	17	21	20
5 Welcher Trick steckt wohl dahinter	21	17	24
6 Schau dir dazu genau die unten stehende Abbildung an	16	13	21
7 Kannst du dir jetzt denken, wie dieser Trick funktioniert	23	16	13
8 Sobald der Vorhang geschlossen ist, versteckt sich die Frau über eine kleine Luke in der Treppe, die vor dem Käfig steht	13	18	23
9 Wie aber gelangt der Tiger in den Käfig	18	23	14
10 Ganz einfach	15	14	18
11 Eine Zwischenwand mit aufgemalten Gitterstäben wird heruntergelassen und der dahinter versteckte Tiger kommt zum Vorschein	14	15	19
12 Achtung, diesen Zaubertrick nicht anwenden, wenn der Tiger schecht gelaunt ist	19	22	15

Übung zu Regel 1, 2 und 3

5 Sind die Satzschlusszeichen (Punkt, Fragezeichen, Ausrufezeichen) in den folgenden Texten richtig gesetzt?
Kontrolliere mit LÜK. ☺ = Richtig
☹ = Falsch

Aus der Schule geplaudert

Marion kommt früher als sonst aus der Schule nach Hause? [1]
„Wieso kommst du schon jetzt aus der Schule? [2]“, fragt ihre Mutter! [3]
„Wir haben heute hitzefrei! [4]“
„Hitzefrei. [5] Aber es ist doch tiefster Winter! [6]“
„Schon, aber die Schule brennt! [7]“

Zwei Lehrer unterhalten sich im Klassenzimmer. [8]
„Wie ist denn ihre neue Klasse! [9] Arbeiten die Schüler auch richtig mit. [10]“, fragt der eine.
„Na ja, es geht so? [11] Es ist ein bisschen wie bei Robinson. [12]“
„Das verstehe ich nicht? [13] Was heißt, wie bei Robinson? [14]“
„Ja, wie Robinson warten alle Schüler auf den Freitag. [15]“

	☺	☹
1	12	7
2	9	20
3	17	12
4	20	10
5	23	17
6	10	4
7	4	1
8	1	3
9	6	23
10	14	6
11	19	14
12	3	22
13	8	19
14	22	11
15	11	15

„Hat jemand von euch schon mal einen großen Irrtum begangen! [16]“, fragt der Lehrer.
„Ja, ich! [17]“, meldet sich Frank.
„Wie ist denn das geschehen? [18] Magst du uns erzählen! [19]“
„Das ist mir am letzten Mittwoch passiert? [20] Da habe ich in Rechnen irrtümlich eine Aufgabe zuviel gemacht.“

Der Deutschlehrer teilt die Diktathefte aus und ruft dann Klaus auf. [21]
„Du hast die gleichen Fehler wie deine Nachbarin? [22] Kannst du mir das erklären. [23]“, fragt er Klaus.
„Kein Wunder, wir haben doch den gleichen Lehrer! [24]“

	☺	☹
16	16	8
17	15	24
18	24	5
19	13	16
20	21	13
21	5	18
22	2	21
23	7	2
24	18	9

Übung zu Regel 1, 2 und 3

6 Schreibe die Texte noch einmal mit den richtigen Satzschlusszeichen auf. Die Richtigkeit der von dir eingesetzten Satzschlusszeichen kannst du mit LÜK überprüfen.

	.	?	!
1	21	18	13
2	22	13	18
3	18	22	6
4	6	14	22
5	14	6	10
6	2	10	14
7	17	9	2
8	10	2	17
9	5	17	9
10	20	5	1
11	9	1	5
12	1	16	24

	.	?	!
13	16	24	20
14	15	20	16
15	24	7	15
16	7	15	23
17	23	3	7
18	8	23	7
19	4	8	3
20	3	11	19
21	11	19	11
22	19	12	4
23	12	4	21
24	13	21	12

Die Zeichensetzung bei der direkten Rede

Das Setzen von Anführungszeichen

(1) „Holst du mich morgen ab?" „Ich denke schon. Aber es kann etwas später werden."

Mit Anführungszeichen kennzeichnet man, was jemand wörtlich sagt oder denkt. Die mit Anführungszeichen gekennzeichneten Texte nennt man **direkte Rede** oder auch **wörtliche Rede**. Das Anführungszeichen unten („) zeigt den Beginn einer direkten Rede an und das Anführungszeichen oben (") signalisiert das Ende. Die Satzschlusszeichen der direkten Rede stehen immer vor den abschließenden Anführungszeichen.

Im Beispiel 1 machen die Anführungszeichen deutlich, dass zwei Personen miteinander sprechen. Die zweite Person spricht zwei Sätze. Da es aber nur ein Redebeitrag ist, stehen nur am Anfang des ersten Satzes und am Ende des zweiten Satzes die Anführungszeichen.

Regel 4
Das Anführungszeichen unten („) kennzeichnet den Beginn und das Anführungszeichen oben (") das Ende einer direkten Rede. Die Satzschlusszeichen (Punkt, Fragezeichen, Ausrufezeichen) stehen immer vor dem abschließenden Anführungszeichen.

Übung zu Regel 4

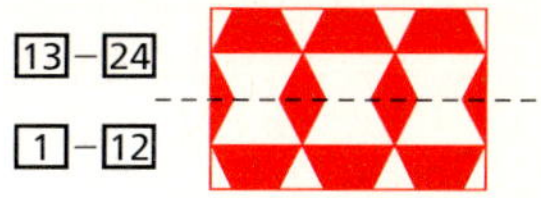

7 Im folgenden Text sprechen zwei Personen miteinander.
Kennzeichne durch Anführungszeichen,
welche Redeteile zusammengehören.
Kontrolliere mit LÜK.
☺ = Anführungszeichen muss stehen.
☹ = Anführungszeichen darf nicht stehen.

Zwei Witze

Ein Pfarrer fährt freihändig mit dem Fahrrad. Das sieht ein Polizist. [1] Freihändig fahren ist streng verboten. [2] [3] Das kostet Sie 50 DM. [4] [5] Aber nicht doch, Herr Polizist! [6] [7] Gott lenkt mich! [8] [9] Was, Sie fahren zu zweit auf dem Fahrrad? [10] [11] Das kostet Sie jetzt 100 DM. [12]

In der Schule. [13] Fritz, stehe bitte einmal auf! [14] [15] Kannst du mir sagen, wann Napoleon gestorben ist? [16] [17] Ist der denn schon tot? [18] [19] Ja, weißt du denn das nicht? [20] [21] Woher soll ich das denn wissen? [22] [23] Unser Fernseher ist doch schon seit einer Woche kaputt. [24]

	☺	☹
1	5	6
2	4	1
3	2	4
4	6	10
5	10	12
6	8	2
7	9	8
8	12	3
9	3	7
10	11	9
11	14	11
12	7	18
13	18	17
14	16	14
15	13	16
16	17	19
17	19	15
18	15	20
19	20	23
20	23	21
21	21	22
22	24	13
23	1	24
24	22	5

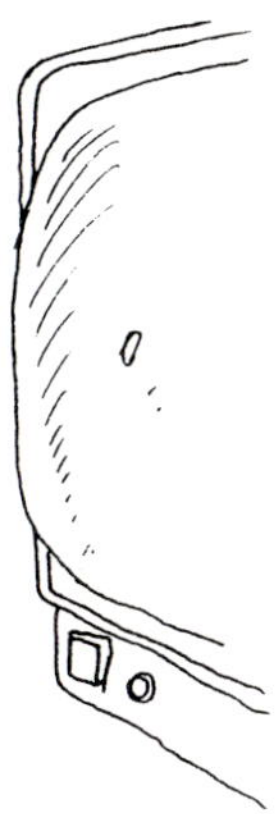

Übung zu Regel 4

8 Richtig oder falsch?
Prüfe, ob an den angegebenen Stellen das Anführungszeichen fehlt oder falsch gesetzt wurde.
Achtung: Falsch ist auch, wenn das Anführungszeichen vor dem Satzschlusszeichen steht (Regel 4).
Kontrolliere mit LÜK.
☺ = Anführungszeichen steht richtig oder es muss kein Anführungszeichen gesetzt werden.
☹ = Anführungszeichen fehlt oder steht falsch.

Tierisch

Beim Zirkusdirektor klingelt das Telefon.
[1] „Hallo, hier spricht der Direktor des Zirkus Peppo. [2] [3] Sie wünschen“? [4] [5] Ich möchte gerne bei Ihnen als Artist arbeiten.“ [6] [7] „Sehr schön! [8] [9] Was können Sie denn?“ [10] [11] „Ich kann mit sechs Ringen jonglieren und dabei auf dem Skateboard fahren.“ [12] [13] Außerdem balanciere ich auf meiner Nase einen Stuhl und spiele die Violine“. [14] [15] Ist das wirklich alles? [16] [17] „Damit lockt man doch keinen Zuschauer mehr hinter seinem Fernseher hervor!“ [18] [19] „Also ich muss Sie schon bitten! [20] [21] Was wollen Sie denn noch alles von einem Walross verlangen? [22] [23] Okay, Sie sind engagiert“! [24]

	☺	☹
1	15	17
2	17	14
3	14	24
4	13	16
5	18	13
6	24	5
7	5	3
8	3	19
9	19	2
10	2	4
11	4	21
12	23	18
13	21	22
14	7	23
15	11	7
16	22	20
17	12	11
18	20	6
19	6	9
20	9	1
21	1	15
22	10	12
23	8	10
24	16	8

Direkte Rede und vorausgehender Begleitsatz

(1) <u>Steffi überlegte und wandte sich dann an Birgit:</u> „Holst du mich morgen ab?"
(2) <u>Birgit zögerte ein wenig und sagte dann:</u> „Ich denke schon. Aber es kann etwas später werden."

Häufig wird die wörtliche Rede durch einen **Begleitsatz** (hier in den Beispielen 1 und 2 unterstrichen) eingeleitet. Ein Doppelpunkt schließt den Begleitsatz und kündigt die wörtliche Rede an. Die direkte Rede beginnt und endet mit dem Anführungszeichen.
Satzmuster:

_______________ : „~~~~~~~~~~~~."
Begleitsatz Direkte Rede

Regel 5
Ein Doppelpunkt beendet den vorausgehenden Begleitsatz und kündigt die direkte Rede an.

9 Ist die Zeichensetzung in den folgenden Sätzen richtig oder falsch?
Unterstreiche zunächst den Begleitsatz und prüfe dann, ob der Doppelpunkt und die Anführungszeichen richtig gesetzt sind.
Denke auch an die Regel 4 (siehe Seite 34).
☺ = Die Zeichensetzung ist richtig.
☹ = Die Zeichensetzung ist falsch.

Die Weisheit des Nasreddin

Nasreddin lebte vor etwa fünfhundert Jahren in der Türkei. Er war ein Mann, der ähnlich wie Till Eulenspiegel die Menschen gerne zum Narren hielt. Dieser Nasreddin ging eines Tages über den Marktplatz.

	☺	☹
1 Da sprach ihn ein vornehmer Mann an: He, kannst du mir meinen Korb mit Geschirr nach Hause tragen?“	6	5
2 Nasreddin dachte bei sich „Du hast lange nichts mehr gegessen, vielleicht springt ein guter Lohn heraus.“	7	3
3 Der Mann sah die hungrigen Augen des Nareddin und sagte: „Pack nur zu, es soll dein Schaden nicht sein.“	2	4
4 Als sie das Haus des wohlhabenden Mannes erreichten, sprach dieser: „Zum Dank für deine Mühe will ich dir drei gute Lehren geben, die dir in deinem Leben nützlich sein werden.	10	6
5 Nasreddin knurrte der Magen und er sagte zu sich: „Was helfen mir die guten Lehren, wenn ich mir davon kein Essen kaufen kann“!	1	7
6 Da sprach der vornehme Mann: „Höre meine erste Lehre. Wenn dir einer sagt, es sei besser zu hungern als satt zu sein, dann glaube ihm nicht.“	4	11
7 Nasreddin nickte nur und der Mann fuhr fort: Wenn dir einer sagt, es sei besser zu gehen als gefahren zu werden, dann glaube ihm nicht.“	12	10
8 Ohne sich um das immer länger werdende Gesicht von Nasreddin zu kümmern, sprach der Mann: „Möchtest du nicht auch noch die dritte Lehre hören?“	11	8

	😊	☹
9 Da unterbrach ihn Nasreddin „Hör auf, du Pfennigfuchser!“	9	1
10 Und wütend fuhr er fort: „Deine dritte Lehre kannst du dir schenken.“	8	2
11 Voll Ärger packte er den Korb und sagte: Auch ich will dir eine nützliche Lehre geben.“	5	12
12 Dann hob er den Korb mit dem Geschirr über seinen Kopf und rief „Wenn dir, o Herr, einer sagt, in dem Korb sei alles heil, dann glaube ihm nicht.“ Mit diesen Worten warf er den Korb auf die Straße, dass es nur so krachte.	3	9

Direkte Rede und nachfolgender Begleitsatz

(1) „Holst du mich morgen ab?“, fragte Steffi.
(2) „Ich denke schon. Aber es kann später werden“, antwortete Birgit.
(3) „Dann ruf mich doch bitte morgen an!“, bat Steffi und fuhr davon.

Der Begleitsatz kann auch nach der direkten Rede stehen. In diesem Fall trennt **immer** ein Komma die wörtliche Rede vom nachfolgenden Begleitsatz.

Satzmuster:

„∿∿∿∿∿?“, ________.
„∿∿∿∿∿“, ________.
„∿∿∿∿∿!“, ________.
Direkte Rede **Begleitsatz**

Achtung: Der Punkt als Satzschlusszeichen der direkten Rede fällt weg, wenn auf die wörtliche Rede der Begleitsatz folgt (siehe Beispiel 2). Ausrufezeichen und Fragezeichen als Satzschlusszeichen der wörtlichen Rede bleiben hingegen bestehen.

Regel 6
Zwischen der wörtlichen Rede und dem nachfolgenden Begleitsatz steht immer ein Komma. Der Punkt als Satzschlusszeichen der wörtlichen Rede entfällt in diesem Fall, das Fragezeichen und das Ausrufezeichen werden gesetzt.

Übung zu Regel 4 und 6

10 Welche Fehler wurden in den folgenden Sätzen gemacht? Unterstreiche den Begleitsatz und überprüfe dann, an welcher Stelle gegen die Regel 6 verstoßen worden ist. Kontrolliere mit LÜK.

A = Ein oder zwei Anführungszeichen wurden vergessen.
B = Das Komma zwischen der direkten Rede und dem nachfolgenden Begleitsatz wurde vergessen.
C = Der Punkt am Ende der direkten Rede wurde fälschlicherweise gesetzt.

Noch mehr Witze

	A	B	C
Zwei Männer sitzen in einem Eisenbahnabteil. Der eine kaut Apfelkerne.			
1 „Warum tun Sie das?“ fragt der andere.	21	19	24
2 „Damit ich klüger werde.“, antwortet der Erste.	20	24	21
3 Hm! Kann ich auch mal einen haben?“, fragt der Zweite.	24	17	20
4 „Natürlich! Aber das kostet pro Kern eine Mark!“ meint der Erste. Der andere zahlt und kaut seinen Apfelkern.	22	20	17
5 „Mensch, für eine Mark hätte ich mir ja eine ganze Tüte Äpfel kaufen können!, sagt der Zweite plötzlich.	17	15	22
6 „Sehen Sie, es wirkt schon“ stellt der Erste fest.	13	22	15
Tünnes und Scheel treffen sich.			
7 „Mensch Tünnes, du hast je einen tollen Hund! Verkaufst du ihn mir?, fragt Scheel.	15	13	23
8 „Für eine Million kannst du ihn haben.“, meint Tünnes. Scheel erklärt Tünnes für verrückt.	23	14	13
Ein paar Tage später treffen sich die beiden wieder. Tünnes hat diesmal keinen Hund bei sich.			
9 „Na, hast du deinen Hund verkauft?“ fragt Scheel den Tünnes.	18	23	18
10 „Klar!“ antwortet ihm Tünnes.	16	18	14
11 Für eine Million?“, fragt Scheel total verblüfft.	14	16	19
12 „Der Käufer hat mir zwei Katzen gegeben, jede für 500.000.“, behauptet Tünnes.	19	21	16

11 Welcher Begleitsatz passt zu welcher direkten Rede?
Schreibe die zueinander gehörenden Teile in dein Heft und vergiss nicht die Anführungszeichen und den Doppelpunkt zu setzen.
Wenn du unsicher bist, ob du die Satzzeichen richtig gesetzt hast, dann vergleiche deinen Text mit dem Kontrolltext auf Seite 32.

1 Die Fernsehsprecherin sagte	Auf Gleis 6 hat Einfahrt der verspätete ICE aus Berlin. 24
2 Aus dem Bahnsteiglautsprecher tönte es	Haben Sie schon bemerkt, dass Sie im Halteverbot stehen? 21
3 Da fragte die Politesse	Sehen Sie jetzt eine weitere Folge unserer Sendung „Die Lindenstraße". 20
4 Die Schüler fragten die Lehrerin	Können Sie mir die Rechnung fertig machen? 23
5 Der Trainer ermahnte die Mannschaft	Haben wir heute nicht hitzefrei? 19
6 Der Gast bat die Bedienung	Reißt euch zusammen, sonst verlieren wir auch noch dieses Spiel! 16

12 Auch hier gilt es die direkte Rede dem richtigen Begleitsatz zuzuordnen. Achte beim Aufschreiben darauf, dass bei einem nachgestellten Begleitsatz der Punkt als Satzschlusszeichen der direkten Rede wegfällt. Wenn du deinen Text überprüfen willst, dann findest du auf Seite 32 den Kontrolltext.

7 Was befindet sich in dem Koffer?	erklärte der Fahrlehrer. 22
8 Passen Sie bitte auf ihre Taschen auf!	fragte der Zollbeamte. 18
9 Wer von rechts kommt hat Vorfahrt.	ermahnte die Reiseleiterin. 14
10 Im Namen meiner Fluggesellschaft begrüße ich Sie herzlich.	empfahl die Ärztin dem Patienten. 17
11 Wir werden wieder mehr Mischwälder anbauen.	sagte der Flugkapitän. 15
12 Nehmen Sie regelmäßig fünf Tropfen täglich!	erklärte der Förster. 13

Direkte Rede und eingeschobener Begleitsatz

(1) „Ich würde mich freuen“, sagte Steffi, „wenn du mich morgen abholst.“
(2) „Ich werde das tun“, meinte Birgit, „aber es kann später werden.“

Der Begleitsatz kann auch in eine direkte Rede eingeschoben werden. Ein Komma zu Beginn und ein Komma am Ende des Begleitsatzes trennen den Begleitsatz von der wörtlichen Rede. Beide Teile der direkten Rede werden mit einem Anführungszeichen oben und einem Anführungszeichen unten gekennzeichnet.

Satzmuster:

„〰〰〰〰〰“,	________	„〰〰〰〰〰.“
Direkte Rede I. Teil	**Begleitsatz**	**Direkte Rede II. Teil**

Regel 7
Ein eingeschobener Begleitsatz wird am Anfang und am Ende durch ein Komma von der direkten Rede getrennt. Beide Teile der direkten Rede werden durch Anführungszeichen gekennzeichnet.

Achtung:
Es gibt auch die Möglichkeit, den zweiten Teil der direkten Rede als neuen Satz zu beginnen. So könnte man den Beispielsatz 2 auch so schreiben:
(3) „Ich werde das tun“, meinte Birgit. „Aber es kann auch später werden.“
Aus dem eingeschobenen Begleitsatz wird dann ein nachgestellter Begleitsatz, und es gilt die Regel 6 (siehe Seite 15).

Übung zu Regel 4, 5, 6 und 7

13 a) Unterstreiche in den folgenden Sätzen den Begleitsatz.
Überprüfe dann, ob die Zeichensetzung richtig ist.
Beachte dabei die Regeln 5, 6 und 7 (siehe Seite 34).
b) Trage die fehlenden Satzzeichen ein und überprüfe
deine Eintragungen an Hand des Kontrolltextes auf Seite 32.
☺ = Richtig ☹ = Falsch

Am schlimmsten ist der Mensch

Elke Kahlert

		☺	☹
1	„Natürlich“, sagte das Kaninchen und nickte eifrig mit dem Kopf, „natürlich fürchte ich mich vor der Schlange.“	17	21
2	„Ich auch“ piepste die Maus. „Und wie!“	14	15
3	„Vor der Schlange?“ fragte das Kaninchen.	18	14
4	„Klar“, sagte die Maus, aber mehr noch vor der Katze. Katzen sind etwas Schreckliches.“	19	18
5	„Ich versteh' euch nicht“ meinte die Gazelle, „Katzen und Schlangen! Wie man sich davor fürchten kann! Ich sage euch, am schlimmsten ist der Löwe.“	16	19
6	„Ach, der Löwe, sagte die Maus und verzog ihre Schnauze, „vor dem Löwen hab' ich eigentlich kaum Angst. Für den bin ich zu klein, der sieht mich ja überhaupt nicht. Es sei denn, er ist furchtbar hungrig und ich tanz' ihm direkt vor der Nase herum. Na, blöd werd' ich sein. Nö, ich finde Löwen ganz nette Tiere.“	23	16
7	„Du hast vielleicht eine Ahnung“, sagte die Gazelle und probierte auf drei Beinen zu stehen.	21	20
8	„Du“, fragte da das Kaninchen „gibt's eigentlich irgendein Wesen, vor dem sich auch der Löwe fürchtet?“	13	23
9	Alle drei dachten angestrengt nach.“Ich hab's“ rief das Kaninchen und nickte wieder eifrig mit dem Kopf, „ich glaube der Löwe fürchtet sich vor den Menschen.“	24	13
10	„Und der Mensch?“, fragte die Gazelle, die jetzt wieder auf vier Beinen stand.	20	22
11	„Vor wem fürchtet sich der Mensch?	15	24
12	„Vor mir“, sagte die Maus nach einer kleinen Pause. Sie fand sich plötzlich riesig.	22	17

Übung zu Regel 4, 5, 6 und 7

14 In jedem Satz des folgenden Textes befindet sich ein Satzzeichenfehler. Wenn du unsicher bist, lies die angegebenen Regeln auf Seite 34 nach.
A = Anführungszeichen fehlen. **B** = Satzschlusszeichen und Anführungszeichen oben wurden vertauscht. **C** = Das Komma zwischen der wörtlichen Rede und dem Begleitsatz fehlt. **D** = Der Doppelpunkt vor der wörtlichen Rede fehlt.

Ein billiges Mittagessen *Nach Johann Peter Hebel*

	A	B	C	D	Regel
1 Eines Tages kam ein gut gekleideter Gast in das Wirtshaus „Zum Löwen" und sagte zum Wirt „Ich möchte für mein Geld eine gute Fleischsuppe."	9	12	8	7	5
2 „Recht gern" meinte der Wirt, „vielleicht möchten Sie dazu auch noch ein Glas Wein trinken?"	12	8	9	10	7
3 „Ja", erwiderte der Gast „wenn ich das für mein Geld bekommen kann."	8	10	12	5	7
4 Nachdem der Gast sich hatte alles schmecken lassen, zog er einen Sechser aus der Tasche und sagte „Hier, Herr Wirt, ist mein Geld!"	5	3	4	8	5
5 Da sagte der Wirt: „Was soll das heißen? Ihr seid mir einen Taler schuldig"!	3	5	10	1	4
6 „Ich habe für keinen Taler Speise verlangt, verteidigte sich der Gast, „sondern nur für mein Geld."	10	1	3	11	7
7 Er zeigte auf den Sechser und sagte „Das ist mein Geld. Mehr habe ich nicht."	1	11	6	3	5
8 „Der ist ja unverschämt" dachte der Wirt und wollte böse werden, als ihm ein Gedanke kam.	11	6	1	2	6
9 „Ihr seid ein Schalk", erwiderte der Wirt „und hättet wohl etwas anderes verdient."	6	2	11	4	7
10 Und dann fuhr er fort „Aber ich schenke Euch das Mittagessen und gebe Euch unter einer Bedingung noch ein Vierundzwanzigkreutzerstück dazu."	2	4	7	6	5
11 „Ihr geht jetzt zum Bärenwirt, und macht es dort genauso" flüsterte er dem Gast ins Ohr.	7	9	2	12	6
12 Der Gast nahm das Geld, ging zur Tür und sagte: „Beim Bärenwirt bin ich schon gewesen und der hat mich hergeschickt.	4	7	5	9	4

Übung zu Regel 4, 5, 6 und 7

15 Welche direkte Rede gehört zu welchem Begleitsatz?
Ordne die unter dem Text stehenden Begleitsätze den direkten Reden zu. Schreibe die Sätze ins Heft. Vergiss nicht die Satzzeichen zu setzen. Überprüfe deinen Text auch mit dem Kontrolltext auf Seite 32.

Auf dem Pausenhof

Christian schlendert zu Lena.

1 Was hat du denn am Wochenende vor? ---------------

2 Ich weiß noch nicht so recht --------------- meine Eltern wollen mit mir zu Verwandten fahren.

3 --------------- Ach, das ist aber schade!

4 Warum denn? ---------------

5 Weißt du --------------- ich wollte dich zu meiner Party einladen.

6 --------------- Das ist ja echt stark. Hattest du Geburtstag?

7 Ja, das liegt aber schon etwas zurück ---------------

8 --------------- Wo willst du das Fest machen?

9 Bei uns zu Hause --------------- wir haben einen richtigen Partykeller.

10 Nicht schlecht --------------- Wann soll denn die Party steigen?

11 --------------- Am Samstag, so gegen 18.00 Uhr.

12 Klasse, dann komme ich --------------- wir fahren nämlich erst am Sonntag weg.

antwortet Lena 23 fragt Christian. 19 fragt Lena. 20 Christian reagiert enttäuscht 22 erklärt Christian 15 antwortet Christian. 18 Lena ist überrascht und sie sagt 24 Lena hat Lust zu kommen und fragt 14 meint Lena. 16 antwortet Christian 21 sagt Lena strahlend 17 Christian freut sich und antwortet 13

Die Zeichensetzung bei der indirekten Rede

Indirekte Rede und vorausgehender oder nachfolgender Begleitsatz

(1) Er sagte: „Der Zug kommt morgen um 10 Uhr an."
(2) Er sagte, daß der Zug um 10 Uhr ankomme.
(3) Er sagte, der Zug komme morgen um 10 Uhr an.
(4) Der Zug komme morgen um 10 Uhr an, sagte er.

Was jemand sagt oder denkt, kann man durch die direkte Rede (Beispiel 1) oder durch die **indirekte Rede** (Beispiele 2 bis 4) zum Ausdruck bringen. Die indirekte Rede steht jedoch ohne Anführungszeichen.
Die indirekte Rede kann ein Nebensatz sein und wird dann mit der Konjunktion (Bindewort) *dass* eingeleitet (Beispiel 2).
Die indirekte Rede kann auch wie ein Hauptsatz formuliert sein (Beispiele 3 und 4).
In beiden Fällen wird die indirekte Rede mit einem Komma vom vorausgehenden oder vom nachfolgenden Begleitsatz getrennt.
In der indirekten Rede steht das Verb meistens im Konjunktiv (Möglichkeitsform).

Regel 8
Die indirekte Rede steht ohne Anführungszeichen. Sie wird immer durch ein Komma vom Begleitsatz getrennt.

Übungen zu Regel 8 findest du auf Seite 23 und 24.

Indirekte Rede und eingeschobener Begleitsatz

(1) Der Zug komme morgen um 10 Uhr an, sagte er, und er wolle Kevin abholen.
(2) Wer A sage, so bemerkte sie, der solle auch B sagen.

Ein Begleitsatz kann auch in die indirekte Rede eingeschoben werden.
In diesem Fall wird vor und nach dem Begleitsatz ein Komma gesetzt.

Regel 9
Ein eingeschobener Begleitsatz wird am Anfang und am Ende mit einem Komma von der indirekten Rede getrennt.

Eine Übung zu Regel 8 und 9 findest du auf Seite 25.

Lösungs-
muster
auf S. 24

Übung zu Regel 8

16 Welche Sätze enthalten direkte Rede und in welchen Sätzen steht indirekte Rede? Kontrolliere mit LÜK.
Unterstreiche das Komma, das die indirekte Rede vom Begleitsatz trennt.
A = direkte Rede
B = indirekte Rede

Bericht über Ufos I. Teil

Die meisten Berichte über unbekannte Flugobjekte stammen aus Amerika. So auch der folgende, in dem zwei Werftarbeiter über ihre Begegnung mit Außerirdischen erzählen.

1 „Wir saßen gerade beim Angeln am Kai", berichtete Jackson, „als nicht weit von uns entfernt das merkwürdige Flugzeug landete."

2 „Das Flugobjekt", fuhr Jackson fort, „war mit grellen Lichtern auf uns zu gekommen und dann stehen geblieben."

3 Es sei zweieinhalb Meter hoch gewesen und der Durchmesser habe gut 13 Meter betragen, ergänzte ihn sein Kollege Miller.

4 Das flugzeugähnliche Gerät sei nicht richtig gelandet, sondern sei einen halben Meter über dem Erdboden geschwebt, fuhren die beiden Werftarbeiter in ihrem Bericht fort.

5 Jackson betonte: „Beim Nähern und beim Landen dieses Fluggerätes haben wir nur einen hohen Pfeifton gehört."

6 Dann habe sich das ganze Gerät geöffnet und sie seien von einem hellen Lichtstrahl getroffen worden, ergänzte Jackson.

7 „Plötzlich kamen drei Gestalten auf uns zu", erzählte Miller.

8 „Bevor wir wussten, was los war", fuhr Miller fort, „waren diese Wesen schon über uns."

9 Jackson konnte berichten, daß er plötzlich so etwas wie einen Stich empfunden habe und sich nicht mehr hätte bewegen können.

10 Ob er sich denn gefürchtet habe, wollten die Journalisten von ihm wissen.

11 „Ich hatte wahnsinnige Angst", sagte Jackson, „aber ich konnte weder schreien noch weglaufen."

12 Auch Miller bestätigte, dass er bewegungsunfähig gewesen sei.

A	B
11	7
7	10
12	4
8	12
10	1
3	8
1	5
5	6
9	3
2	9
6	11
4	2

13–24
1–12

Übung zu Regel 4 und 8

17 Welche Fehler enthalten die folgenden Sätze?
Korrigiere zunächst die Fehler und überprüfe dann mit LÜK.
A = Die Anführungszeichen fehlen.
B = Anführungszeichen wurden gesetzt, wo sie nicht hingehören.
C = Das Komma zwischen der indirekten Rede und dem Begleitsatz fehlt.
D = Kein Fehler

Bericht über Ufos II. Teil

	A	B	C	D
13 Miller beschrieb das Aussehen der Außerirdischen so: „Sie waren etwa 1,50 Meter groß, bewegten sich auf Rollen und hatten Arme wie Greifer."	16	19	24	23
14 Der Kopf saß direkt auf den Schultern, ergänzte Jackson, „und besaß Schlitze anstelle von Mund, Nase und Ohren."	19	16	13	24
15 Nun übernahm Miller das Wort: „Die Haut war metallisch und hatte tiefe Runzeln und Kerben."	24	13	17	16
16 Miller berichtete weiter dass sie anschließend zum Raumschiff transportiert worden seien.	15	14	24	13
17 Während des Fluges fühlte ich mich vollkommen schwerelos, betonte Miller.	13	15	14	17
18 Im Raumschiff sei er in einen Raum gekommen, wo ein Gerät mit einer Linse ständig um ihn herumgeflogen sei sagte er.	14	21	15	19
19 „Während dieser Untersuchung unterhielten sich die Außerirdischen mit hellen Pfeiftönen", ergänzte Jackson.	21	20	18	14
20 Was geschah dann?, fragte eine Journalistin.	17	18	21	20
21 „Sie brachten uns nach der Untersuchung wieder zum Kai zurück", fuhr Miller fort.	20	22	23	21
22 „Als sie wieder den Boden unter ihren Füßen gefühlt hätten, hätten sie sich auch wieder bewegen können", bemerkte Jackson.	22	20	19	18
23 Außerdem", so ergänzte er, „war ich plötzlich auch nicht mehr schwerelos."	18	23	16	22
24 Jackson und Miller schlossen ihren Bericht mit der Bemerkung dass sie zunächst niemand von diesem Erlebnis hätten erzählen wollen.	23	24	22	15

18 Ein oder zwei Kommas?
Füge die fehlenden Kommas ein und überprüfe mit LÜK.

Viel Lärm um „Sammy"

Tagelang beschäftigte ein Krokodil mit dem Namen „Sammy" im Sommer 1994 die Öffentlichkeit, bis es einem Taucher endlich gelang das Tier zu fangen.

		1	2
1	Er habe das Krokodil etwa einen Meter unter der Wasseroberfläche entdeckt berichtete der 36jährige Sporttaucher.	6	1
2	Mit einer Taschenlampe so fuhr der junge Mann fort habe er das Tier geblendet und dann mit seinen Tauchhandschuhen gepackt.	7	4
3	Ein Polizeisprecher meinte dass das Tier offensichtlich mit den Nerven völlig fertig gewesen sei.	1	5
4	Der Polizeisprecher ergänzte nach seinem Eindruck sei das Tier froh gewesen, wieder unter Menschen zu sein.	5	3
5	Jetzt sei auch die Polizei erleichtert fuhr der Beamte fort dass die Schüsse der Scharfschützen erfolglos gewesen seien.	8	7
6	Auch der 21jährige Besitzer des Tieres meinte er sei sehr glücklich, dass Sammy lebendig gefangen worden sei.	3	9
7	Nun könne er wieder lachen ergänzte der junge Mann.	9	11
8	Naturschützer warfen dem Besitzer vor dass er das Tier nicht artgerecht gehalten habe.	11	2
9	Er habe mit dem Tier nur angeben wollen meinten die Naturschützer.	2	12
10	Das Tier müsse so forderten sie wieder im Amazonasgebiet ausgesetzt werden.	10	8
11	Der Polizeisprecher stellte jedoch fest dass das Tier zunächst in den Kölner Zoo gebracht werde.	12	6
12	Ungeklärt sei noch ergänzte der Beamte ob der junge Mann die Kosten für die Rettungsaktion übernehmen müsse.	4	10

Sonderfall der indirekten Rede: die indirekte Frage

Direkte Frage

(1) Benny fragt: „Kommt Claudia zu uns?“

(2)"Wer hat als erster Mensch den Mond betreten?", wollte die Lehrerin wissen.

Indirekte Frage

(3) Benny fragt, ob Claudia zu uns komme.

(4) Wer als erster Mensch den Mond betreten habe, wollte die Lehrerin wissen.

Die indirekte Frage wird durch ein Fragewort eingeleitet, sie steht aber ohne Fragezeichen und ohne Anführungszeichen. Die indirekte Frage wird durch ein Komma vom Begleitsatz (in Beispiel 3 und 4 unterstrichen) abgetrennt. Der Begleitsatz kann der indirekten Frage vorausgehen (Beispiel 3) oder nachfolgen (Beispiel 4). Die indirekte Frage ist ein Nebensatz, daher steht das Verb auch immer am Ende der indirekten Frage.

Regel 10
Die indirekte Frage wird durch ein Fragewort eingeleitet und steht ohne Fragezeichen und ohne Anführungzeichen. Sie wird durch ein Komma vom Begleitsatz abgetrennt.

TIPP

Eine indirekte Frage erkennst du daran, dass das Verb immer am Schluss der indirekten Frage steht.

19 Direkte Frage oder indirekte Frage?
a) Überprüfe die folgenden Sätze und kontrolliere mit LÜK.
b) Schreibe die Sätze in dein Heft und vergiss nicht die fehlenden Satzzeichen (Satzschlusszeichen, Doppelpunkte, Kommas und Anführungszeichen) einzutragen. Einen Kontrolltext findest du auf Seite 33.

Alltagsfragen	**Direkte Frage**	**Indirekte Frage**
1 Kommst du heute mit ins Schwimmbad fragte Stefan.	10	7
2 Claudia fragte Tim ob er mit ins Kino komme	9	12
3 Am Bahnhof sprach mich ein älterer Mann an Kannst du mir sagen, wie ich in die Schillerstraße komme	7	5
4 Er hat mich gefragt wo die Schillerstraße sei	1	9
5 Ich wollte Cemel fragen wie viel seine Rollerskates gekostet haben	11	1
6 Ich bin nicht sicher ob zum Fahren der Skates Knie-schützer vorgeschrieben sind	8	11
7 Dann fragte er mich Wie bremst man eigentlich mit Rollerskates	5	3
8 Was machst du am Wochenende erkundigte sich Kevin.	3	4
9 Henrike lachte und fragte warum ihn das interessiere	2	8
10 Warum er nicht so eine Frage stellen könne gab Kevin zurück	12	2
11 Darauf sagte Henrike Seit wann bist du so empfindlich	4	6
12 Kannst du nicht mal nett zu mir sein sagte er.	6	10

20 In fast jedem der folgenden Sätze befindet sich ein Satzzeichenfehler. Trage die fehlenden ein. Wenn du unsicher bist, kannst du unter der angegebenen Regel (siehe Seite 34) nachschlagen. Überprüfe mit LÜK.

A = Anführungszeichen fehlen.
B = Fragezeichen fehlt.
C = Komma fehlt.
D = Die Zeichensetzung stimmt.

Abschlussabend

Am Ende des Landschulheimaufenthaltes ist ein Abschlussabend geplant. Lena, Kai, Uwe und Elke haben sich zusammengetan, um dafür einen Programmpunkt vorzubereiten.

	A	B	C	D	Regel
1 „Wer von euch hat denn eine Idee“, beginnt Kai.	8	12	11	12	2
2 „Wie wäre es“ greift Elke den Ball auf, „wenn wir eine Scharade aufführen?“	9	11	8	7	7
3 Kai macht ein unglückliches Gesicht und fragt wie das denn gehe.	4	3	9	11	8
4 „Hast du noch nicht gesehen, wie die das im Fernsehen machen?, wendet sich Lena an Kai.	11	7	4	6	4
5 „Ach richtig“, erinnert sich Kai, „man muss einen Begriff, wie z. B. „Schlüsselblume“, darstellen.“	7	2	6	4	7
6 Dann fragt Uwe ob man nicht eine „Tagesschau“ vorspielen könne.	2	10	7	8	10
7 Was er damit meine, erkundigt sich Elke.	6	5	10	2	10
8 „Wir spielen eine Fernsehsendung mit Nachrichten, Werbespots und so“, erklärt Uwe. „Damit nehmen wir alle auf die Schippe. Ist das nicht super“	10	6	5	3	2
9 Elke bezweifelt ob sie das noch alles rechtzeitig vorbereiten könnten.	3	1	10	9	10
10 „Doch, die Idee ist Klasse!“ begeistert sich Kai.	5	12	3	1	6
11 Wann man endlich anfangen wolle Ideen zu sammeln, fragt Elke.	1	4	2	5	10
12 Kai erkundigt sich ob sie vielleicht schon einen Vorschlag habe.	12	8	1	10	10

Übung zu Regel 2 bis 10

21 Ordne die unter dem Text stehenden Begleitsätze den folgenden Sätzen zu und schreibe sie ins Heft. Vergiss nicht die notwendigen Satzzeichen zu setzen. Überprüfe deinen Text mit dem Kontrolltext auf Seite 33.

Ist Inlineskating ein gefährlicher Sport?

Petra interviewt Mark und Ralf, die beide einem Skating-Club angehören.

1 Was eigentlich sind Inlineskates – – – – – – – – – – –.
2 – – – – – – – – – – – – – Inlineskates seien eigentlich nicht viel anders als Rollschuhe, nur dass die Räder in einer Linie ständen.
3 Worin der Unterschied zu Rollschuhen zu sehen sei – – – – – – – – – – – – – –.
4 Eigentlich sei Skating dem Schlittschuhfahren ähnlicher als dem Rollschuhfahren – – – – – – – – – – –.
5 Vor allem – – – – – – – – – – – – – – bist du mit Inlineskates tierisch schnell.
6 – – – – – – – – – – – – inwieweit das Inlineskating gefährlich sei
7 – – – – – – – – – – – – – – dass Inlineskating nicht gefährlicher sei als das Fahrradfahren.
8 Außerdem bist du ja durch einen Helm und durch Knie- und Ellbogenschützer gut gesichert – – – – – – – – – – –.
9 – – – – – – – – – – – – – ob nicht gerade ältere Menschen und Kinder durch rücksichtslose Skater gefährdet seien.
10 Rowdies gäbe es überall – – – – – – – – – – – – –.
11 Macht Skating eigentlich süchtig – – – – – – – – – – – – –.
12 Skating mache Spaß und es gäbe schlimmere Süchte als dieses sportliche Vergnügen – – – – – – – – – – – – –.

Mark antwortet 8 beginnt Petra das Gespräch 12 fragt Petra 10
ergänzt Mark 3 Petra fragt dann 7 erklärt Ralf 11 erklärt Mark 5
Ralf und Mark sind sich sicher 1 Petra gibt aber zu bedenken 9
fragt Petra 6 hält Ralf entgegen 4 finden Mark und Ralf 2

Lernspiel

Dieses Spiel kannst du zu zweit oder mit mehreren spielen. Ihr braucht einen Würfel, für jeden Spieler eine Spielfigur und mehrere Chips (Pfennige, Büroklammern o. ä.). Wer aufgrund der gewürfelten Augenzahl auf ein quadratisches Feld kommt, muss die entsprechende Aufgabe lösen und anschließend zur Überprüfung ein LÜK-Plättchen ablegen. Auf das Feld der gelösten Aufgabe wird ein Chip gelegt. Dadurch erkennt ihr, welche Aufgaben schon beantwortet wurden und welcher Spieler dies getan hat.

☺ = Richtig oder ja ☹ = Falsch oder nein

	☺	☹
Sind die Satzschlusszeichen richtig gesetzt?		
1 Wann kommst du aus der Schule!	17	9
2 Vergiss nicht pünktlich zu sein?	1	17
3 Ich möchte gerne wissen, wann du heute deine Schulaufgaben machst.	14	10
Ist die Kommasetzung richtig?		
4 „Wann treffen wir uns wieder?“, fragte Frank.	10	3
5 „Morgen“, sagte Simone bedeutsam „kann es zu spät sein.“	18	1
6 Frank überlegte was er tun sollte.	5	18
Sind die Satzschlusszeichen richtig gesetzt?		
7 „Wollen wir heute segeln“, fragte Ina.	6	5
8 Christoph meldete Zweifel an: „Bei der Flaute bleibt ihr am Steg stehen“.	3	13
9 „Dann blasen wir in die Segel“, meinte Claudia. „Das klappt schon!“	13	2
Müssen in den folgenden Sätzen Anführungszeichen gesetzt werden?		
10 Yvonne erklärt selbstsicher: Die Klassenarbeit war doch ein Klacks!	2	4
11 Hoffentlich behält sie Recht, meinte Klaus.	4	21
12 Ulrike unkte, Übermut tue selten gut.	23	6

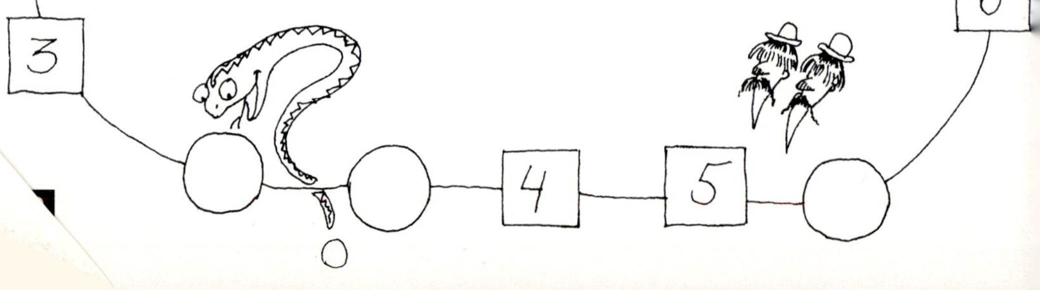

	☺	☹
Ist die Zeichensetzung richtig?		
13 „Welche Computerspiele hast du denn?“, fragte Ole.	21	22
14 „Nur wenige, anwortete Oliver, „bei unserem altersschwachen PC machen die meisten Spiele keinen Spaß.“	19	23
15 Britta ergänzte „Außerdem bricht unser Oldie sowieso immer zusammen.“	20	19
Enthalten die folgenden Sätze indirekte Rede?		
16 Lisa erzählte, dass ihr Pferd lahme.	22	11
17 Seit wann sie das schon beobachte, wollte ihr Vater wissen.	11	15
18 „Am besten rufst du den Tierarzt an“, sagte ihre Mutter.	12	20
Stimmt die Zeichensetzung?		
19 Klaus möchte wissen wann der Bus fährt.	7	12
20 „Entschuldigung, wann fährt der Bus?“	15	24
21 „Ich habe keine Ahnung, wann der Bus fährt?“	8	7
Sind die Anführungszeichen richtig gesetzt?		
22 „Wollen wir diese Woche einen Klassenausflug machen?“, fragte die Lehrerin.	24	16
23 Britta meinte: „Es soll aber ein Tief kommen.“	16	14
24 „Können wir nicht, sagte Klaus, den Ausflug auf nächste Woche verschieben?“	9	8

Kontrolltexte

S. 17, Übung 11

1 Die Fernsehsprecherin sagte: „Sehen Sie jetzt eine weitere Folge unserer Sendung „Die Lindenstraße"."
2 Aus dem Bahnsteiglautsprecher tönte es: „Auf Gleis 6 hat Einfahrt der verspätete ICE aus Berlin."
3 Da fragte die Politesse: „Haben Sie schon bemerkt, dass Sie im Halteverbot stehen?"
4 Die Schüler fragten die Lehrerin: „Haben wir heute nicht hitzefrei?"
5 Der Trainer ermahnte die Mannschaft: „Reißt euch zusammen, sonst verlieren wir auch noch dieses Spiel!"
6 Der Gast bat die Bedienung: „Können Sie mir die Rechnung fertig machen?"

S. 17, Übung 12

7 „Was befindet sich in dem Koffer?", fragte der Zollbeamte.
8 „Passen Sie bitte auf Ihre Taschen auf!", ermahnte die Reiseleiterin.
9 „Wer von rechts kommt hat Vorfahrt", erklärte der Fahrlehrer.
10 „Im Namen meiner Fluggesellschaft begrüße ich Sie herzlich", sagte der Flugkapitän.
11 „Wir werden wieder mehr Mischwälder anbauen", erklärte der Förster.
12 „Nehmen Sie regelmäßig fünf Tropfen täglich!", empfahl die Ärztin dem Patienten.

S. 19, Übung 13

1 „Natürlich", sagte das Kaninchen und nickte eifrig mit dem Kopf, „natürlich fürchte ich mich vor der Schlange."
2 „Ich auch", piepste die Maus. „Und wie!"
3 „Vor der Schlange?", fragte das Kaninchen.
4 „Klar", sagt die Maus, „aber mehr noch vor der Katze. Katzen sind etwas Schreckliches."
5 „Ich versteh' euch nicht", meinte die Gazelle, „Katzen und Schlangen! Wie man sich davor fürchten kann! Ich sage euch, am schlimmsten ist der Löwe."
6 „Ach, der Löwe", sagte die Maus und verzog ihre Schnauze, „vor dem Löwen hab' ich eigentlich kaum Angst. Für den bin ich zu klein, der sieht mich ja überhaupt nicht. Es sei denn, er ist furchtbar hungrig und ich tanz' ihm direkt vor der Nase herum. Na, blöd werd' ich sein. Nö, ich finde Löwen ganz nette Tiere."
7 „Du hast vielleicht eine Ahnung", sagte die Gazelle und probierte auf drei Beinen zu stehen.
8 „Du", fragte da das Kaninchen, „gibt's eigentlich irgendein Wesen, vor dem sich auch der Löwe fürchtet?"
9 Alle drei dachten angestrengt nach. „Ich hab's", rief das Kaninchen und nickte wieder eifrig mit dem Kopf, „ich glaube der Löwe fürchtet sich vor den Menschen."
10 „Und der Mensch?", fragte die Gazelle, die jetzt wieder auf vier Beinen stand.
11 „Vor wem fürchtet sich der Mensch?"
12 „Vor mir", sagte die Maus nach einer kleinen Pause. Sie fand sich plötzlich riesig.

S. 21, Übung 15

1 „Was hast du denn am Wochenende vor?", fragt Chistian.
2 „Ich weiß noch nicht so recht", antwortet Lena, „meine Eltern wollen mit mir zu Verwandten fahren."